Ri Ajilanel Ajkotz'i'j
El contador de flores

Por Diego Adrián Guarchaj Ajtzalam

Ri Ajilanel Ajkotz'i'j
El contador de flores

Copyright © 2020 Jade Publishing
Copyright © 2020 Apab'yan Tew

No part of this publication may be stored in a retrieval system, transmitted or reproduced in any way, including but not limited to photocopy, photograph, magnetic, laser or other type of record without prior agreement and written permission of the publisher.

Cover Art: Walter Paz Joj (K'ayo'm Kan)

First published in 2020 by
Jade Publishing
UNITED STATES OF AMERICA
P.O. Box 8413
Corpus Christi, TX. 78468

www.jadepublishing.org

ISBN-13: 978-1-949299-10-6

Printed in the United States of America

Prólogo

"¿Conoce usted este programa?", "¿cuál?", contesté yo automáticamente y sin saber realmente de qué me hablaba mi guía espiritual. Yo en esa época no tenía computador ni sabía gran cosa de nada al respecto. "Se llama nawal.exe, es para calcular los días de nacimiento de la cuenta k'iche'." Es el año 2000 y mi tat me lleva ventaja de años en absolutamente todo.

Tat Te'k, tat Diego Adrían, fue un hombre dedicado enteramente al estudio del lenguaje, la letra antigua y la oralidad actual, el pulso del tiempo desde el calendario de la luz y la oscuridad, el conteo ancestral maya. Los días substancia y la subyacente consciencia en cada uno de ellos le construyó especialista en cantos y diálogos, en comunicación con lo visible y con aquello que se convoca con los ojos cerrados frente al fuego. Muy sencillo en su trato, con una sonrisa suave y permanente, pacífica. En sus conversaciones, tanto en idioma k'iche' como en español, hacía largas pausas, como meditando y hablando, extrayendo de su memoria y con toda seguridad, voces de sus antepasados. Nunca le vi enojado, nadie. En las calles todos lo saludaban, le hacían plática, se le quería, se le respetaba, le besaban la mano como autoridad ritual y le abrazaban con tacto. De todas las artes que cultivó, el ser un sabio de dulce de miel fue lo que menos se propuso y lo que más le distinguió.

La mayor parte de su obra se escribe primero sobre papel y bajo la luz de candelas. Nawalja', la población donde él vive y desarrolla su actividad es, para entonces, un diminuto pueblo del altiplano de Guatemala que conservó bien, desde su fundación, un carácter cerrado y disciplinado con respecto a su cultura. Aislado también cabe, pero por convicción propia de los habitantes. Basta recordar, por ejemplo, que hasta hace muy poco, no se permitía a ninguna persona foránea, quedarse allí después de la caída del sol. Incluso yo, cuando arribé por primera vez, temí ser expulsado.

Cuando Nawalja' comienza a tener acceso a la electricidad y posteriormente a otras tecnologías, tat Te'k es el único de los principales del pueblo, que inmediatamente hace uso de todo recurso posible. Comienza usando grabadoras de mano para preservar la memoria de conversaciones y ritos ceremoniales. Usa calculadora, reloj electrónico y termina manejando ordenador portátil con la última versión del sistema operativo sabiendo como trabajar todo programa y conectándose, aunque brevemente y para sus últimos trabajos, al mundo del internet.

Yo le conocí en la transición de los registros magnetofónicos a lo digital, de la máquina de escribir al computador y luego al teléfono celular. Rápidamente, en uno de tantos regresos a mi casa, lejos y en otro país "no sé cómo fue que lo logré", aprendí de todo para poder, por principio, sentarme a su lado a mirar papeles, escaneos y libros, recursos, escuchar largas grabaciones en mp3, videos en mp4, usar programas de escritura y hojas de cálculo. Con el tiempo fui su asesor y también proveedor de accesorios para su lap-top, y recurrente técnico de reparación de ese y cualquier otro aparato en su casa. Sin embargo, lo importante para mí no era esa atmósfera técnica única, me sorprendía, sí y mucho, pero lo que me hizo quedarme en casa, con su familia, en su entorno y durante casi una década, fue la profunda sabiduría de tat Te'k y la dulzura casi de niño con la que compartía, daba clases y con la que se emocionaba y en deleite, se nutría de todos los que estábamos a su alrededor, sobra decir, todos siempre con muchas preguntas.

Tat Te'k fue muy activo y también, sorprendentemente, muy productivo, prolífico. Escribía todo el tiempo, se quitaba los anteojos "para ver mejor" frente a la pantalla y se encerraba en su pequeña habitación sin puerta, frente a su cama, con una montaña de libros inmensa. Iba uno por uno y se volvía a poner los anteojos para leer hojas, subrayar o escribir notas en papeles sueltos y luego volvía al teclado a escribir. Así en silencio por horas y no fue extraño que muchas veces la luz del amanecer lo mandara a dormir. El volumen de su trabajo es extraordinario y abarca muchas áreas del conocimiento: hay lingüística, historia, narrativa, poética —lo que en esta obra se tratará—, espiritualidad, religión, sociología, divulgación por diversos medios, principalmente la radio y es que tat Te'k dirigió un programa muy exitoso y popular: "El Ch'i'p".[1] Hay también textos sobre indumentaria, costumbres maya, leyendas, transcripciones de títulos de tierras y también, por supuesto, traducción y edición de textos de lo más diverso. Varios diccionarios, textos escolares, índices completos de neologismos. Tradujo el Popol Wuj dos veces y, en una, fui su feliz colaborador, ayudante, aprendiz e hincha.

A tat Te'k, como Ajq'ij, contador del tiempo,[2] le queda encomendada una misión espiritual. Ha de subir volcanes o descender a grutas y cavernas siguiendo el ritmo estelar y telúrico del calendario maya. Y aquí, entonces, hay que repensar o dejar de pensar en la misma persona de la misma forma o con sólo una forma definida. A tat Te'k le rodeaba un aura especial, allá, en el mundo de los espíritus y las presencias que son "como un aire, como un vapor", también lo recibían con cariño. Ya sé, es muy subjetivo hacer una afirmación así pero, por análisis de todas las experiencias, podría decirse aún más: se le consentía. Sus ceremonias eran magníficas y el

---

[1] Ch'i'p es el último hijo de una familia y también los dedos pequeños de manos y pies. Por extensión, aquello que es lo pequeño en un conjunto. El éxito de la emisión radial de tat Te'k hizo que, a la larga, él mismo fuese llamado "el Ch'i'p, tat Ch'i'p".
[2] Apab'yan Tew. La gestación de un Universo. La ciencia maya del embarazo. Jade Publishing Co., 2019.

lenguaje más sofisticado, pulcro y bien cantado les distinguían completamente. No se auxiliaba de alardes histriónicos de espectáculo —como tristemente sucede ahora—, ni tampoco la escena se contaminó jamás de adornos innecesarios o derroches de materiales para la combustión ceremonial. Con él la ritualidad fue limpia, fluida y definitivamente, con un tinte de humildad y deberes de antigüedad. En medio de ríos, entre manantiales, en las puntas de montes y los cráteres de volcanes, recuerdo mucho una cueva muy húmeda. En las casas de los abuelos, y también en un lugar muy especial que se halla bajo una catarata. Allí tat Te'k no importando qué tanta caminata se tuviese que hacer o desde qué momento habría que partir. Muy como frágil él, muy chiquito, muy flaquito pero ninguna oscuridad, frío o cuesta empinada le detuvo jamás.

Tat Te'k Warchaj fue muy generoso. Ayudó a mucha gente en asuntos de conocimiento. Y aquí, un punto a subrayar tanto por la publicación de esta obra, tanto por el carácter de apropiación y hasta despojo cultural que sucede entre investigadores de corte occidental. Él ayudó mucho y no fue bien retribuido, de hecho puedo añadir, se le plagiaron y mal pagaron trabajos. Por allí circulan un par a nombre de otra persona. Él lo supo pero sólo bajó las manos, no podía hacer mucho ya que al enterarse, comenzó a tener complicaciones de salud. Llegan los "investigadores", cubren sus objetivos y no regresan, no les interesa la comunidad, la utilidad es de ellos y para ellos. No me extiendo, es triste. Pero alegre es publicar sus obras y este libro le contendrá y, a la vez, le hará justicia en la altura que aún merece. De sus letras semilla hay muchas reflexiones que hacer, muchos mensajes que volver a difundir, innumerables consideraciones a verter en nuevas generaciones de escritores y poetas de nuestras montañas y universos. Hay que dispersar cada letra, dejarla ir en conjunción con el acontecer de las estrellas y las sucesiones del sol y la luna.

Al finalizar sus poemas tat Te'k los leía en voz alta. Si algo no le sonaba bien, los reescribía al momento y volvía a hacer el mismo ejercicio una y otra vez. Luego a capturarlos y entonces a imprimir. Son prácticamente todos, de hecho, recitaciones que pueden ser cantadas. Llevan siempre desde el idioma k'iche', un ritmo con un tempo que depende del aire contenido en cada respiración o bien, de la forma en que controladamente, parsimoniosamente, se exhalan las letras. Muchos de ellos pudieron haber sido escritos hace cientos o miles de años, quizá incluso se escribieron y olvidaron pero mi tat los trajo de vuelta y es que la semántica y la semiótica de sus conjugaciones no son contemporáneas, siguen el registro tanto de voz como de cognición de tiempos muy antiguos. Él y yo luego seguíamos hablando con esos ritmos para cosas triviales y reíamos usando rimas de significado y no rima de sonidos para todo y allí, repentinamente, en nuestra locura, le venían nuevas ideas y él se alejaba a escribir. Vivía para la Palabra.

En esta obra que se encuentra en sus manos, presentamos un trabajo multidisciplinario. Oscar Ajkaj, nieto de mi tat Te'k se ha encargado del trabajo más hermoso y profundo: estar con su abuelo en soledad, acompañarlo y escucharlo mientras él viene de entre la nube y la neblina. Oscar, licenciado en lingüística y autor por sí mismo de varias obras ya publicadas, se encargó de la corrección de caracteres en la escritura, los análisis lingüísticos y la traducción al idioma español. Con sólo esto último hubiera ya sido un trabajo muy grande y pesado, sin embargo, mucho más aconteció en cada cita con nuestro abuelo ya que además del aprendizaje de arcaísmos y neologismos, Oscar nos ofrece un lenguaje tan bello como el de las flores que venimos contando en las letra semilla escogidas.

Walter Paz Joj, artista visual dotado con un extraordinario talento y ejecutor de una forma muy personal, destacada y poética en la sintaxis del trazo y el pincel, ha creado la portada que siempre, y después de todo, aún antes de conocer contenidos, es aquello que toma al corazón al primer contacto visual. Walter pertenece a un conjunto, aún no reconocido, de artistas jóvenes cuyo talento es la reescritura de los elementos que han legado los ancestros en sus registros de piedra y papel. No se trata sólo de repetir íconos o jeroglíficos o ideogramas o acaso acuñaciones indescifrables. Es también el volver a escribir para la expresión y la resignificación contemporánea. Es arte lo suyo e invito a conocer su trabajo. Y de esto, ya que los maya no sólo somos personas diletantes del pasado, somos algunos, constructores de presentes y por divergencia y rechazo a lo hegemónico, somos refugio a futuros comunes, así sea no solo de aprovechamiento individual. La consciencia maya es colectiva.

Tat Te'k no quiso, al igual que su amiga nan I'a', Ajq'ij, partera y mi otra guía espiritual, que me quedara en casa a verle morir. Se rehusó a aceptar tratamiento médico y exigió por voluntad reiterada el dejarle "marchitarse como el maíz". Un día me dio su computadora y me pidió hacerle un ajuste, cuando terminé me solicitó hacer una organización de todos sus archivos en ella en un solo folder. Lo hice y vaya que me tomó tiempo, le devolví el aparato casi una semana después, pero apenas lo tuvo en sus manos me lo devolvió inmediatamente. "¿Qué pasa maestro?", le contesté acongojado y sorprendido. "Hágase para usted una copia de mi trabajo", contestó. "Ah", solté del aire que traía en mis pulmones. Como pude fui hasta la ciudad más cercana —dos horas de camino— a buscar un USB, un gadget prácticamente desconocido en esos años y debí hacerlo ya que el quemador de discos simplemente ya no respondía y es que tat Te'k cargaba la lap top para todos lados, en las humedades de cavernas y al calor de las piras de pago y ofrenda espiritual. Compré dos de esas memorias a un precio exorbitante y absurdo ahora. Hice mi copia y le guardé. Le di una extra a él.

Han pasado diez años desde que el contador de flores[3] volvió al hálito de la tierra y al resplandor de las constelaciones. He podido recuperar los archivos y recapturar nuestras fabulosas lecturas. Sobre todo, esto se basa en una selección de sus poemas, el poema cero y veinte más.

Esta es la obra como tal. Un homenaje a él a través de su poesía y canto ceremonial. Su ternura y nobleza única, su persistencia en la adversidad. Su computador un día dejó de funcionar, así que los archivos, se pensó, estaban perdidos. Aquel gadget que guardé durante años en mi altar, funcionó sin problemas y sin esconderse. Estaba en una cajita y el duende que gusta de tomar las cosas olvidadas allí le dejó hasta que lo volví por él.[4]

Apab'yan Tew

---

3   El nombre del libro no es traducción directa del idioma k'iche' al español. En k'iche' el título *Ri Ajilanel Ajkotz'i'j* se traduce literalmente como "el de las flores que contea". Se usan títulos distintos para expresar las posibilidades propias del lenguaje de origen.
4   Son dos tipos de "duendes", *k'ox* decimos en k'iche', uno de ellos gusta tomar recuerdos de uno, el/la otro/otra -no tienen género-, gusta de tomar cosas y esconderlas. Hay que llamarles y pagarles ofrenda para que devuelvan lo sustraído.

Ri Ajilanel Ajkotz'i''j
El contador de flores

B'ix kech ajq'ijab'
El canto de los guías

Kqab'ixaj la qanawalil	Le cantamos nuestro hálito
kqab'ixaj la qaxamalil	le entonamos nuestro aliento
k'ama b'a la we jumakaj	tome usted un poco de sahumerio
k'ulu b'a la we kamakaj.	reciba usted doble sahumerio.

We juwonaj qapom
we kawonaj qapom
ri kqaya chi chi' la
ri kqaya chi wach la.

Esta bola de copal
estas doble bolas de copal
que le obsequiamos ante su boca
que le ofrendamos ante su frente.

We jun raqan qab'atz'
we keb' raqan qab'atz'
we juchip we kachip
qak'aja kab' chech la.

Esta unidad de candelilla
estas dos porciones de candelillas
esta miga y dos migas de incienso
nuestro azúcar para usted.

Si'jaj b'a la
kotz'i'jaj b'a la
loq'alaj tew
loq'alaj kaqiq'.

Respírelo
floréelo
sagrado aire
adorado viento.

Tab'al rech ri qik'ilal
tab'al rech ri qach'umilal
tab'al rech ri qab'e
tab'al rech ri qajok.

Petición de nuestro destino
ruego de nuestra misión
solicitud de nuestro camino
petición de nuestro sendero.

Loq'alaj qatat
loq'alaj qajaw
loq'alaj tikol qech
loq'alaj awexal qech.

Nuestro apreciable padre
nuestro venerado señor
adorado creador nuestro
reverenciado hacedor nuestro.

EL CONTADOR DE FLORES

Chojuk'a'j la,
chojmatzej la
pa we nik'aj q'ij
pa we nik'aj saq.

Mojtzaq la pa ri uk'axal
mojtzaq la pa ri kamikal
xa b'a chojuk'a'j la
xa b'a chojchajij la.

Mesa la ri qab'e
mesa la ri qak'ala'
wene k'o ri k'axtok'anel
wene k'o ri kamisanel.

Pa ri qab'e
pa ri qajok
chelesaj b'i la
paqchij b'i la.

Loq'alaj tat
loq'alaj qajaw
rajawal ri tew
rajawal ri kaqiq'.

Uk'u'x ri kaj
uk'u'x ri ulew
uk'u'x ri naj
uk'u'x ri naqaj.

Uk'u'x ri juyub'
uk'u'x ri taq'aj
uk'u'x ri sutz'
uk'u'x ri mayul.

Sosténganos
abrácenos
en el medio del día
en el medio de la claridad.

No nos lance en el sufrimiento
no nos exponga en la muerte
solamente sosténganos
únicamente guárdenos.

Limpie nuestro camino
asee nuestra senda
quizá exista el perverso
tal vez esté el asesino.

En nuestro camino
en nuestro sendero
exclúyelo
empújelo.

Venerable padre
honorable padre
corazón del frío
corazón del viento.

Corazón del cielo
corazón de la tierra
corazón de la lejanía
corazón de la cercanía.

Núcleo del cerro
espíritu del valle
médula de la nube
alma del celaje.

Uk'u'x ri cho	Corazón del lago
uk'u'x ri palow	corazón del mar
uk'u'x ri juyub'	corazón del cerro
uk'u'x ri taq'aj.	corazón del valle.
Uk'u'x ri pek	Corazón de la cueva
uk'u'x ri siwan	corazón del barranco
uk'u'x ri che'	núcleo del árbol
uk'u'x ri ab'aj.	médula de la piedra.
Rajawal ri tew	Amo del frío
rajawal ri kaqiq'	señor de la brisa
rajawal ri kaj	amo del cielo
rajawal ri ulew.	dueño de la tierra.
Rajawal ri q'ij	Señor del sol
rajawal ri ja'	amo del agua
rajawal ri kaqiq'	dueño del viento
rajawal ri ulew.	señor de la tierra.
Rajawal ri ik'	Dueño de la luna
rajawal ri ch'umil	amo de las estrellas
rajawal ri q'ij	señor del tiempo
rajawal ri saq.	dueño del espacio.
Kajawal ri che'	Señor de los bosques
kajawal ri awajib'	dueño de los animales
kajawal ri winaq	amo de la humanidad
kajawal ri sutinaq qij qawach.	señor de los cosmos.

Na'b'alil tzij rech Nawal Ja'.
Poema a Nahualá

Je'lalaj nutinamit	Mi lindo pueblo
Nawal Ja',	Nahualá,
chech le b'inel ja'	del río
Nawal Ja'	Nahualá
petinaq wi le ab'i'.	procede tu nombre.
Kraj ne' chi uxe'	Es cierto que debajo
saqb'ochol juyub'	del cerro de cuarzo
saqb'ochol taq'aj	del valle de cuarzo
k'iynaq wi la le ab'i'.	proviene tu nombre.
Kok'ow la pa Xukuq'ab'	Pasa por el Arcoíris
ktixan la pa Turub'ala'	brota de la Catarata
kok'ow Xeq'eqa Ab'aj	recorre bajo la Piedra Negra
kq'ax la chi Tiko'n.	transita a orillas del Cultivo.
Chi uxe' le Raxon Juyub'	Debajo del Cerro Verdoso
chi uxe' le Raxon Taq'aj	al pie de la Llanura Verde
tik'il wi aq'ij	se encuentra perpetuo tu dignidad
tik'il wi awalaxik.	está sosegado tu honorabilidad.
Chi uxe' le juwokaj k'isis	Debajo del cúmulo de cipreses
chi uxe' le jutzob'aj chaj	al pie de los pinos
are la' rismal awach	que son las cejas de tu rostro
are la' umetz'al awach.	que son las pestañas de tu faz.
Are q'ateb'al tew	Es protector del frío
are q'ateb'al kaqiq'	es defensor del aire

are chi maj yab'il	para que no haya enfermedad
are chi maj q'oxom.	para que no exista dolencia.

Loq'alaj Raxon Juyub'	Sagrado Cerro Verdoso
loq'alaj Raxon Taq'aj	venerable Cerro Esmeralda
loq'alaj Q'uq'kumatz	sagrada Serpiente Emplumada
utepewal qatinamit.	fortaleza de nuestro pueblo.

Loq'alaj Nawal Ja'	Sagrado Espíritu del Agua
loq'alaj upusil Ja'	venerable vigor mágico
k'aslikalaj Nawal Ja'	agua viva del espíritu
lemowalalaj b'inel Ja'.	río vigor del hálito.

Kkan uk'iyik ri awik'ilal	Tus lunas crecen rápidamente
kkan uk'iyik ri ach'umilal	tus estrellas aceleran su evolución
xpoq' loq'olaj aq'ij	se multiplicó tu día sagrado
xtuxan loq'olaj awalaxik.	germinó tu sagrado nacimiento.

Je'lalaj nutinamit	Mi agraciado pueblo
utinamit Wel Tzo'k	pueblo de Manuel Tzoc
awexal awik'ilal	fundador de tus lunas.
tikol ach'umilal.	precursor de tus estrellas.

Le ami'al kkikoj le uq	Tus hijas se engalanan con el corte[1]
le saqa po't,	con el güipil blanco,[2]
le ch'opim po't,	el güipil bordado del cosmos,
le popa po't.	el güipil de estera.

Jun wuj jaqtalik	Como un libro abierto
utz ksik'ix uwach	que puede ser descifrado
k'i ri kutzijoj	porque narra muchas cosas
nim kuk'ut chi qawach.	nos provee mucha enseñanza.

---

1   Uq, el corte, es decir la falda que usa la mujer maya.
2   Po't, el huipil, es decir la blusa que usa la mujer maya.

Kuq'o' le kot	Borda el ave bicéfalo
kuq'o' le b'alam	labra al jaguar
kuq'o' le xik	borda el águila
kuq'o' le kumatz.	labora a la serpiente.
Le tzu'a q'ojom	La marimba de tecomate[3]
kuq'ojomaj le ala	lo ejecuta el marimbista
are wa' ch'ab'al	ésta es la melodía
ksipax chech ri Tz'aqol	que se le ofrenda al Creador
kya' chech ri B'itol.	que se le dedica al Formador.
Le achi kukoj le saqa kami'x	El hombre porta la camisa blanca
kukoj le kaqa kutin	se viste de la camisa roja
kukoj le saqa saka'w	viste de calzón blanco
kukoj le pas jat'ib'al upam.	usa la faja para sostenerse.
Kratz'yaqij le xyal	Se viste del cotón[4]
kukawub'ej le koxtar	usa la rodillera[5]
kukoj le ujat'ib'al pas	la faja asegura su cintura
k'o le kot chech le utza'm.	con el águila bicéfalo en la punta.
Je k'u wa' le kib'antajik	Así es la identidad
le axu'mal ajotoyal	de tus retoños y descendientes
loq'olaj nutinamit	querido pueblo
Nawal Ja', lemowal ja'.	Espíritu del Agua, agua mágica.

---

[3] El tecomate, los tecomates, *(lagenaria siceraria)*, forman la caja de resonancia de un tipo específico de marimba. Jícara, calabaza, mate.
[4] Saco de lana.
[5] Ponchito de lana que se usa como enredo alrededor de la cintura, asemeja una falda.

Tew Kaqiq'
Sagrado Iq'

Tew kaqiq'
kxuk'xut ri aq'ij awalaxik
pa ri b'e, pa ri k'ala'
katq'o'nik, kattzuqunik.

Sagrado viento
tus días y tu nacimiento resopla
en el camino, en el sendero
provees, sustentas.

We winaq
we awajib'
we che', we ja',
aq'o'om akajmam.

Sea hombre,
sea animal,
sea árbol, sea agua,
has proveído y suministrado.

Ruk' ri nimalaj ab' uxlab'
awuk'a'am achapem
rumal chi at k'aslemal rech taq
we tik awexab'al.

Por el inmenso soplo y hálito
contienes y sostienes
porque eres vida de
ésta siembra y cultivo.

Loq'alaj tew kaqiq'
kqana' ri ak'olem aq'axem
chi qij chi qawach xa xe wi
na katqil taj, na katqatzu' taj.

Precioso viento y soplo
sentimos tu estancia y transitar
delante y detrás aunque
no podemos apreciarte, no podemos percibirte.

Xa na k'u at nawal
xa na k'u at tewal
na chapatal ta aq'ij
na ra'lital ta awalaxik.

Porque eres nahual
porque eres gélido
tus días no están referidos
tu nacimiento no es descrito.

Xa at nawal
xa at pusil
xa at xamalil
xa at moyew.

Eres nahual
eres espíritu
eres vigor
eres celaje.

At uk'aslemal winaq
at uk'aslemal awaj
at uk'aslemal che'
at uk'aslemal ja'.

Eres vida del hombre
eres existencia del animal
eres esencia del árbol
eres subsistencia del agua.

We katk'a'narik
kaqasaj taq che'
kaq'ututej taq ab'ix
kawulij taq ja.

Cuando te enfadas
botas árboles
devastas milpas
destruyes casas.

At b'inel
at chakanel
pa ri kaj
pa ri ulew.

Eres caminante
eres viajero
en el cielo
en la tierra.

Jurab'aj B'ix
Canto Oración

Alaj ne'	Pequeño bebé
alaj ne'	pequeña bebé
at ri' ri at uxaq	tu que eres la hoja
at ri' ri at k'ak' ra'.	tu que eres la nueva rama.
¡Chinatatab'ej!	¡Escúchame!
¡chatatab'ej we b'ix!	¡Escucha este canto!
xa jub'a' tzij	es solo una palabra
xa kapaj tzij.	es solo una plática.
Wene tajin katachik'anik	Tal vez estés soñando
Wene atwarinaq.	quizá estés durmiendo.
¿Atkosinaq?	¿Estás cansado?
¿Attuqarinaq?	¿Estás cansada?
¿La utz kintzijon awuk'?	¿Puedo hablar contigo?
¿Atkosinaq?	¿Estás cansada?
¿Attuqarinaq?	¿Estás cansado?
¿Tajin katachik'anik?	¿Estás soñando?

Kwaj kintzijon awuk'
k'o jupaj nutzij chawech ruk' rutzil nuk'u'x.

Quiero hablar contigo
con todo mi corazón tengo una palabra para ti.

Rumal awech k'as ri nuk'u'x
rumal awech tz'aqat we nuk'aslemal.

Eres la razón por lo que mi corazón palpita
sos la razón por la que mi vida está completa.[6]

---

6   Canto ceremonial para el bebé cuando la mujer está embarazada. Léase: Apab'yan Tew. *La gestación de un Universo*. Jade Publishing Co., 2019.

Ekoq'ij
Venus

Ekoq'ij, ik', ch'umil
k'asunel rech nimaq'ab'
k'amal ub'e usaqirem
k'amal ub'e loq'alaj q'ij.

Venus, luna, estrella
madrugador de la mañana
guiador del amanecer
guía de la vía del sacro sol.

Achilaj ri ajch'ajal tzi
ri ajaq'ab'il ajkelob'
ri e b'anal taq wa
ri e b'anal taq uk'ya'.

Amigo de la mujer del maíz
la madrugadora molendera[7]
los que preparan el alimento
los que alistan la bebida.

E b'anal wa kech ri ajchakib'
e b'anal wa kech b'inel chakanel
e b'anal wa kech ajsiwil, ajrecha'kej
e b'anal wa kech ri ajb'e, ajjok.

---

7   La persona que muele o lleva una cosa para moler a los molinos.

A los que alimentan a los trabajadores
a los que sustentan al viajero y andante
a los que nutren al leñador y pastor
a los que proveen al viajero y andante.

At k'asul rech ri ajb'e ri ajjok
at b'il rech jun k'ak' nimaq'ab'
at ya'l ub'ixik jun k'ak' q'ijsaq
Nima Ch'umil katrepowik katchuplinik.

Avivador del caminante y viajero
anunciante de una nueva mañana
prevés un nuevo día y espacio
venerable Venus irradias y resplandeces.

Loq'alaj Ekoq'ij, chawech petinaq wi
le ukab' b'i'aj kech qawinaqil
na'tab'al awech nima ch'umil
kiya'om kan qati't qamam.

Sagrado Venus, de tí se origina
los apellidos de nuestra gente
memoria de ti gran estrella
que nos han legado los abuelos y abuelas.

Katmakak pa le loq'alaj kaj
etatal ri ab'inem achakanem
okinaq pa ri je'lalaj ajilab'al
chila' petinaq wi ri eta'mab'al.

Te deslizas en el bendito espacio
tu caminar y trajinar están medidos
incluida la maravillosa numeración
que de ahí brota la sabiduría.

Kk'asux chi na wa' pa kijolom
ri e xu'mal jotoyal pa we q'ijsaq
are chi ktuxanik xuquje' ksi'jan chi na
pa ri chak patan rech tijob'al.

Ésta resurgirá en la memoria
de los brotes y retoños ante estos días
para que retoñe y florezca de nuevo
en la faena y enseñanza escolar.

Kwa'lijik, kyakataj chi na pa we tinamit
kkojik kpatanix chi k'u pa taq we q'ij
jacha kb'an chech le ik'
chech ri ajb'ejeb' ik' ajb'elejeb' ch'umil.

Se levantará y se alzará de nuevo en nuestro pueblo
actualmente se emplea y se utiliza
como se le concibe a la luna
a la de nueve lunas y a la de nueve estrellas.

I

Le e ch'umil
Las estrellas

Ronojel aq'ab'
kinwil le e ch'umil
ronojel aq'ab'
kinwajilaj le e ch'umil.

Ronojel aq'ab'
kechupchut le ch'umil
ronojel aq'ab'
kena'taj le wachalal

Kechupchut le e nitz'
kechupchut le e nima'q
xkik'exwachij ch'umil
kcha' ri Popol Wuj.

Todas las noches
aprecio a las estrellas
en cada noche
cuento las estrellas.

Todas las noches
resplandecen las estrellas
cada noche
recuerdo a mis hermanos.

Resplandecen las pequeñas
relumbran las grandes
se convirtieron en estrellas
como dijo el Popol Wuj.

Loq'alaj Nujuyub'
Venerable Montaña

Je'lalaj nujuyub' nutaq'aj
k'o ri araxal k'o ri aq'anal
nuk'ani'jalaj juyub' taq'aj
waral xemoch'i' wi na ojer.

Preciosísima montaña
contienes tu verdor y tu riqueza
mi generoso cerro
aquí se sosegaron hace ciclos.

Ri e qati't qamam
ri ajuxe' q'ij ajuxe' saq
ri saq kiwi', saq kijolom
e nab'e taq q'ij e nab'e taq saq.

Nuestros abuelos y abuelas
los ascendientes y antecesores[8]
los de cabello blanco, cabello canoso
los precursores y remotos.

E tz'aqat e mulaj
chi uwi' ri kitzij kina'oj
na xeqajan taj, xemokon taj
ak' saniyeb' ri kitzij kich'ab'al.

---

8   Los ancestros. Léase: Oscar Lorenzo Geovanni Guarchaj Chox. Federico Manuel Tuy Ecoquij. *Diccionario de arcaísmos en el idioma Maya K'iche' y español.* Universidad Mariano Gálvez de Guatemala, 2015.

Son sabios, son exactos
con sus palabras e ideales
no fiaron, nunca encomendaron
con lenguaje dadivoso y de sublime locución.

E kowilaj taq winaq
e manchiti', e manchikoj
e k'amal taq ub'e ri tinamit
e k'amal taq b'e rech siwan tinamit.

Son hombres asombrosos
son resuellos, son hálitos
son los guías del pueblo
los líderes de la sociedad.

:|

¡Ooo! Loq'alaj nunan
¡Oooh! Adorada madre

¡Ooo! Loq'alaj nunan, maltyox chawech rumal ri aloq'ob'al,
rumal ronojel ri aya'om chwech kinya ri nuloq'onik chawech
rumal aya'om b'e chwech xuquje' ya'tal chwech
kinwil le ab'aq'wach xuquje' le q'ama'mojalaj awi'.

¡Oooh! Mi adorada madre, gracias por tu amor,
por todo lo que me has concedido te entrego mi amor
porque me has permitido y se me ha cedido
poder apreciar tus ojos y lo dorado de tu cabello.

Loq'olaj nunan are taq kinwil le ub'aq awach
sib'alaj kwaj kinoq'ik
kinraq nuchi' on kintze'nik, na rumal ta k'u b'is
xa ne rech ki'kotemal, xa rumal at at nunan.

Mi madre venerada cuando percibo tus ojos
grande es mi deseo de llorar
grito, sonrío, pero no de tristeza
es a causa del regocijo, porque tú eres mi madre.

Pa taq nimaq'ab' are taq kinwil le q'ij kel aq'anoq
kink'amawa'j chech ri Ajaw rumal chi atuk'asb'am,
katinwilo xuquje' kjek'ejob' ri wuxlab'
aretaq kinwil chech le apalaj le je'lalaj utzuk'linem
rech le upakpatem ri kmuch'lin pa le usaqirem
chi uwi' jun je'lalaj b'inel ja'.

En cada amanecer, cuando observo la aurora
agradezco al Creador porque te ha proveído la vida,

te percibo y por eso se me contrae la respiración
cuando observo en tu rostro la bella irradiación
de la claridad que resplandece en el amanecer
sobre la cúspide de un hermoso riachuelo.

Loq'alaj nunan, uk'a'b'al rech ronojel ri ch'ajch'ojil
xaq xew chawech kinya wi ri nuch'ajch'ojil
chech ub'anik ri nuchak nupatan xuquje' ri utzalaj uchakuxik
are chi maj jub'iq' q'oxom kya'taj chech ri ak'u'x.

Adorada madre, poseedora de todo lo impecable
solo tú mereces ser amo de mi integridad
debido al desarrollo de mi oficio y por mi buen desempeño
para que no padezcas ningún dolor de tu alma.

Ri loq'alaj B'e
El sagrado Camino

Loq'alaj b'e, loq'alaj jok
kajib' uka'yib'al uwachib'al
ri loq'alaj taq b'e uk'a'm la
loq'alaj taq b'e chapem la.

Sagrado camino, sagrada senda
de cuatro rostros y caras
los sagrados caminos que posee
sendas sagradas que envuelve.

Ri kaqa b'e, are kub'ij ri qakik'el
ri q'eqa b'e, are kub'ij ri kamikal
ri saqa b'e, are kub'ij ri ch'ajch'ojil
ri q'ana b'e are kub'ij ri raxal q'anal.

El camino rojo, simboliza nuestra sangre
el camino negro, personifica la muerte
el camino blanco, representa la pureza
el camino amarillo, significa fortuna.

Ri loq'alaj kaqa b'e are saqil
ri loq'alaj kaqa b'e are chaj
are kk'utuw ri qab'e qajok
are qachaj pa uwi' ri qab'inem.

El sagrado camino rojo es claridad
el sagrado camino escarlata es fuego
que conduce nuestra vía y sendero
es nuestra luz en nuestro transitar.

DIEGO ADRIÁN GUARCHAJ AJTZALAM

Ri loq'alaj q'eqa b'e are uxlanib'al
are kub'ij ri uk'eyewal, ri q'oxom
are kub'ij ri q'equ'mal, ri kamikal
are kub'ij ri itzel k'aslemal kqaxajo.

El sagrado camino negro es el descanso
nos avisa los problemas, dolores
nos advierte la oscuridad, la expiración
nos predice la vida ineludible que transitamos.

Ri saqa b'e are kub'ij ri ch'ajch'ojil
are kub'ij ri saqalaj no'jib'al
are kub'ij umesik qij qawach
are kub'ij ri saqil, jamaril.

El camino blanco anuncia la pureza
personifica la sabiduría clarividente
avisa la purificación de nuestro ámbito
delata la pureza, la armonía.

Ri q'ana b'e are kub'ij ri raxal q'anal
are kub'ij qameb'a'il, qatzalatzil
are ri qawa, ri loq'alaj quk'ya'
are kub'ij qakik'el qakuma'jil.

El camino amarillo significa la riqueza
simboliza nuestras fortunas y abundancias
es nuestro alimento y nuestra sagrada bebida
es nuestra sangre y nuestra casta.

Loq'alaj taq b'e are kk'utuw
ri qab'inem, qachakanem
are kk'utuw ri qak'aslemal
are oj uk'a'naq oj chapenaq.

Los sagrados caminos que orientan
nuestro caminar y nuestro trajinar
presenta nuestra vida
es la que nos preserva y nos resguarda.

Loq'alaj taq kajib' b'e
are qik'ilal qach'umilal
are wa' qab'e qajok
sipatal la rumal ri Tz'aqol B'itol.

Apreciados cuatro caminos
son nuestra representación y lucero
éste es nuestro camino y nuestra senda
concedido por el Creador y Formador.

Ri loq'alaj Che'
Preciado Árbol

Loq'alaj k'iche'laj
at ratz'yaq ri qanan ulew
raxjuk'ujuj ri awachib'al,
nim ri achak apatan.

Venerable bosque
eres vestimenta de la madre tierra
tu rostro es verdoso
grande es tu labor y servicio.

Loq'alaj k'iche'laj
at ya'l qajab' at ya'l qaja'
nim ri aq'ij awalaxik
we at maj at kojkamik.

Bendita selva
nos provees lluvia y nos abasteces agua
magnos son tu dignidad y honor
sin tu existencia nos morimos.

At ratz'yaq ri qanan ulew
q'o'talik kawutalik kumal
ri awajib' rech ri uwachulew
e k'o ri k'o kixik', e k'o maj kixik'.

Eres atuendo de nuestra madre tierra
bordado y engalanado por los
animales de la tierra
unos con alas y algunos sin alas.

EL CONTADOR DE FLORES

E k'o kajkaj kaqan
e k'o xa kakab' kaqan
e k'o k'i kaqan
e k'o maj kaqan chi kech.

Algunos con cuatro patas
unos solamente de dos patas
algunos con muchas patas
y otros sin patas.

E k'i taq ri keka'y
ri loq'alaj utiko'n
ri Uk'u'x Kaj
ri Uk'u'x Ulew.

Múltiples son los rostros
de las sagradas creaciones
del Corazón del Cielo
del Corazón de la Tierra.

Q'o'tal upa ri k'iche'laj
rumal Tz'aqol B'itol
k'oxolob' kij kiwach
k'o xa jun kka'y ri kij.

Decorado está el espíritu del bosque
por el Creador y Formador
multicolores son sus semblantes
otros de una misma apariencia.

E k'o koj, e k'o b'alam
e k'o k'oy, e k'o masat
e k'o utiw, e k'o yak
e k'o sis, e k'o raq juyub'.

Hay león de monte, existen jaguares
hay micos, existen venados
se hayan coyotes, hay gatos de monte
se hayan mapaches y coches de monte.

E k'o uno's juyub', e k'o ke'l
E k'o kaqix, e k'o q'uq'
E k'o xojlin siwan, e k'o ch'ik
E k'o b'ejeb', e k'o tz'unun.

Hay pavos de monte, existen chocoyos
hay guacamayas, existen quetzales
se hayan guardabarrancos, hay cenzontles
se hayan tucanes y hay colibríes.

II

Loq'alaj Ka'
Sagrada Piedra de Moler

Paxixil petinaq wi
ri aq'ij awalaxik
loq'alaj rulewal ka'
rumal ri tzok'ol ka'.

Paxixil[9] proviene
tu principio y nacimiento
sagrada piedra de moler
por el cantero.

Tzok'ol ka' jawi' xpe wi
ri ana'oj, aweta'mab'al
chi xatz'ok' wa' we ka'
ri kke'b'ex le loq'alaj tzi.

Tallador de piedra desde dónde procede
tu conocimiento y sabiduría
porque labraste esta piedra
elemento para moler el sagrado nixtamal.

Le loq'alaj ka'
are ke'b'al ixim
le nuk'manaq
qakik'el qakuma'jil.

La sagrada piedra de moler
es el elemento para moler maíz

---

9   Paxixil, aldea del área de Nawalja'.

es lo que construye
nuestra sangre y nuestro linaje.

Are nuk'manaq
le qatiqowal
le qak'atanal
ri oj k'asb'anaq.

Es lo que edifica
nuestra destilación
nuestra transpiración
que nos ha subsistido.

Loq'alaj ka'
are uchapanib'al le nan
oxib' le utu', uchakalib'al
ri ke'b'al ri q'ana tzi, saqa tzi.

Sagrada piedra de moler
es la herramienta de la mujer
tres son sus bases, su sostenibilidad
moledor del nixtamal amarillo y nixtamal blanco.

Chiqol chiqol, nimaq'ab'
chiqol chiqol, pa q'ij
chiqol chiqol, pa xeqal
are uchak q'ij chi q'ij.

Jolí jolí, por la mañana
jolí jolí, a mediodía
jolí, jolí, al atardecer
es tu labor de todos los días.

Loq'alaj Ab'ix
Venerable Milpa

Katrawexaj ri ajtikolob'
katutik ri achi kraj uwa
katutik ri mayab' winaq
rumal chi at uwa at ruk'ya'.

El sembrador te cultiva
te planta el hombre necesitado de alimento
te labra el hombre maya
porque eres su sustento y bebida.

Kb'an utzalaj uchakuxik ri ulew
kcha' ronojel k'uxk'ub' pa ri ulew
we xchaqijik, kporoxik ronojel
are chi kkam ri itzel taq q'ayes

La tierra se trabaja arduamente
se clasifica toda breña en la tierra
cuando se seca, toda es calcinada
para que toda maleza se extinga.

Kiye'x ri nab'e taq jab'
are chi kb'an ri awex
we k'u xqaj ri nab'e taq jab'
kb'an ri awex chi uwachulew.

Se esperan las primeras lluvias
para que se efectúe la siembra

cuando brotan las primeras lluvias
se realiza la siembra sobre la tierra.

Ktewech'ix ri loq'olaj taq ija'
kb'an taq ri kotz'i'j, ri patan
chi uwach le loq'alaj q'ij Q'anil
are chi qas je'lik uk'iyik.

Se consagran las sagradas semillas
se efectúan ceremonias, cortejos
ante el sagrado día Q'anil[10]
para que su crecimiento sea eficiente.

Kajkaj ixim kk'aq pa le jutaq wi'
chi are wa' kuk'utunisaj
le kajib' uxkut kaj uxkut ulew
rumal kajib' kka'y uwach le ixim.

Cuatro unidades de maíz se arrojan en cada mata
que esto demuestra
las cuatro esquinas del cielo y de la tierra
porque cuatro son los colores del maíz.

Kajib' kka'y kitz'u'mal le e winaq
jacha le kajib' uxkut kaj uxkut ulew
le kaq, le raxwa'ch, le saq xuquje' le q'an
kechab'al kan ri e qati't qamam.

Cuatro son los colores de piel del hombre
como las cuatro esquinas del cielo y la tierra
el rojo, el negro, el blanco y el amarillo
legado de nuestros abuelos y abuelas.

Xa katjunamataj
ruk' sin nan

10   En el calendario maya, el día de la semilla.

kreqaj ri alaj une'
pa ri raxa peraj.

Te pareces
a una madre
que carga a su bebé
en el perraje[11] verde.

Ri at kaweqaj le ane'
pa le loq'olaj raxa peraj
le awal rax le ratz'yaq
xuquje' q'an le uwi'.

Tú cargas a tu bebé
en el perraje verde
tu hijo con su atuendo verdoso
y con el cabello dorado.

---

11   Textil en dos piezas unidas con una randa, el color tradicional es el verde. La mujer de Nawalja' carga a su bebé en la espalda.

Loq'alaj Ja' k'olib'al
Amada Morada

Je'lajaj nuk'olib'al
je'lalaj numu'jab'al
je'lalaj nutz'aq nuq'oxtun
chi awach xink'iy wi xinalax wi.

Mi admirable casa
mi bello hogar
mi preciosa morada
ante ti nací y crecí.

Xawil nub'inem nuchakanem
xata ri nab'e taq nutzij nuch'ab'al
xawil ri nab'e taq waqan pa nub'inem
nuchakanem chi uwach we uwachulew.

Atestiguaste mi transitar
escuchaste mis primeras palabras
percibiste mis primeros pasos durante mi caminar
mi gateo sobre esta tierra.

Loq'alaj wochoch nuk'olib'al
xinach'uq chi uwach ri tew kaqiq'
xinamu'jaj xinapanaj chi uwach le q'ij
k'amo chawech rumal toq'ob'.

Mi venerable hogar
me abrigaste ante el viento
me resguardaste ante el sol
mi gratitud por tu apoyo.

Kraj ne' xata ri nab'e taq nutzij
pa ri walaxb'al, pa ri nuk'iyib'al
wene xintz'e'nik, wene xinoq'ik
wene xwajlin woq'ej pa ri atz'alamal.

Ciertamente oíste mis primeras palabras
en mi nacimiento, en mi crecimiento
quizá chillé, acaso lloré
tal vez mi llanto resonó en tu estructura.

Chakuyu numak loq'alaj wochoch
wene xinyititik, xinb'akak chi awach
loq'olaj numu'jab'al nupanab'al
loq'olaj alam pek, alam siwan.

Discúlpame preciosa morada
quizá molesté, ante ti fastidié
admirable vivienda
agraciada caverna, sublime gruta.

Maltyox chawech xink'iy chi achi' chi awach
wene xinyajanik, wene xinb'an oyowal
kinta kuyb'al numak chawech je'lalaj wochoch
at aweta'am jas je' ronojel ri nuk'aslemal.

Gracias porque ante ti crecí
tal vez regañé, quizá me enojé
te pido disculpas mi bella morada
tu que conoces cómo es toda mi vida.

Le Po't
El Güipil

Le po't katz'yaq le ixoqib'
¿jawi' petinaq wi wa' we atz'yaq?
k'o saqa po't, k'o ch'opim po't
k'o popa po't , k'o kaxlan po't.

El güipil atuendo de las mujeres
¿de dónde se origina este traje?
hay güipil blanco, hay güipil con bordados desunidos
hay güipil de estera y güipil ceremonial.

Le ixoqib' sib'alaj k'as ri kijolom
sib'alaj xkika'yej ri sutinaq kij
xkil ratz'yaq le loq'olaj qanan ulew
k'o kina'oj xkiq'o' le ratz'yaq le ulew.

La sabiduría de las mujeres está viva
contemplaron inmensamente su contorno
percibieron la indumentaria de nuestra madre tierra
con su ciencia bordaron la prenda de la tierra.

Pa le kipo't le ixoqib'
kriqitaj le masat
kriqitaj le xik
kriqitaj le q'uq'.

En el güipil de las mujeres
se halla el venado
se aprecia el gavilán
se encuentra el quetzal.

Xkiq'o' ri q'uq'kumatz
xkiq'o' le loq'olaj q'ij
xkiq'o' ri uno's juyub'
xuquje' xkiq'o' le masat.

Bordaron a la serpiente emplumada
calaron al sagrado sol
urdieron al pavo de monte
también emplearon al venado.

Xkiq'o' le koj, le b'alam
xkiq'o' le xojlin siwan
xkiq'o' le kaqix xuquje'
xkiq'o' retz'ab'a'lil le k'iche'laj.

Urdieron al león, al jaguar
bordaron al guardabarranco
laboraron a la guacamaya, también
forjaron los aderezos del bosque.

Le ixoqib' are xkelesaj uwach
le ratz'yaq le qanan ulew
kkiq'o' le uchikopil le k'iche'laj
pa le kipo't le kkikoj ronojel q'ij.

Las mujeres copiaron el semblante
el atuendo de la madre tierra
bordan a los animales del bosque
en el güipil de uso diario.

Le ixoqib' sib'alaj sak'al
le kijolom rumal chi ronojel le xkilo
xkiq'o' pa le katz'yaq
ri xkilo xkelesaj uwach.

DIEGO ADRIÁN GUARCHAJ AJTZALAM

Las mujeres de gran claridad
que su pensamiento todo apreció
lo impregnaron en sus vestimentas
lo que distinguieron lo reprodujeron.

Xkiq'o' le xkil pa le kaj
ri xkil pa le uwachulew
ronojel ri sutinaq kij
ronojel ri sutinaq kiwach.

Bordaron lo que notaron en el cielo
lo que observaron sobre la faz de la tierra
todo lo que les envuelve
todo lo que les rodea.

Are wa' ri jun je'lalaj chak
are wa' ri jun je'lalaj patan
xkipatanij, xkichakuj
pa ri kik'ilal, kich'umilal.

Esta es la bellísima labor
este es el maravilloso servicio
que sirvieron, que obraron
en sus lunas, en sus estrellas.

Le Tz'i'
El Perro

Le tz'i' are wachi'l
pa b'e, pa jok
kpixk'anik kteri' chwij
ketz'anik kusotosa le uje'.

El perro es mi acompañante
en la vereda, en la senda
me persigue saltando
juguetea meneando la cola.

We in maj chi uwach
ktz'uytz'utik kwayinik
koq' uk'u'x chwij
kinutzukuj kusiqisa waqan.

Si no estoy presente
chilla y aúlla
su alma llora por mi
husmea y busca mis huellas.

Le tz'i' nim upatan
are chajil wochoch
are chajil numeb'a'il
ronojel chaq'ab'.

El perro es de gran ayuda
es el guardián de mi hogar
es el vigilante de mis fortunas
todas las noches.

DIEGO ADRIÁN GUARCHAJ AJTZALAM

Are chajil elaq'om
are chajil itzel nawal
we k'o ri xopan chi uwaja
kuya' ub'ixik kty'onik.

Es guardia contra el delincuente
es el protector del mal espíritu
si alguien se asoma al hogar
advierte con su ladrido.

We k'o ri xrilo
we winaq ri xopanik
utyo'b'al winaq kub'ano
we nawal xopanik kawu'nik.

Si nota a alguien
si es individuo el que llegó
pronuncia ladrido de gente
si es mal espíritu entonces aúlla.

We k'o ri itzel nawal
we are ri' xrilo ktzawnajik
jun wi ri utyo'nem kub'ano
kq'alajinik we chorokot ri krilo.

Si existe el perverso
si eso percibe ladra raro
aúlla insólitamente
es obvio cuando se percata del maligno.

Wene xa k'o ri kwa'kat chi uwach
kamikal rij xuquje'
kuya' ub'ixik rumal chi
kwu'nik ktz'uytz'utik.

Quizá alguien recorre ante él
que está para la muerte y
anuncia porque
aúlla y ladra asombrosamente.

Are wa' unimal uq'ij le nutz'i'
chi nuwach rumal chi kuya' retal
ri kjetet la chwij chi nuwach
kuya' retal ri kink'ulmaj kintaqale'j.

Esta es la gran labor de mi perro
ante mí porque me señala
lo que se aproxima de mí
advierte lo que aconteceré y ocurriré.

III

Pi'na Nume's
Mi Gato Pinto

Choma pi'na nume's
katwar pa uwi' le xk'ub'
katwar chi rij le q'aq'
amaq'el kach'aj le apalaj.

Mi gran gato pinto
te duermes sobre el tenamaste[12]
te acoges detrás del fuego
siempre limpias tu cara.

Katnawunik we oj maj chi uwach ja
kachajij le ja chi kiwach ri e ch'o
katnawunik aretaq katnumik
kapixk'ayaj aq'ij chi uwach ja.

Maúllas cuando no nos encontramos en casa
proteges la casa ante las ratas
maúllas cuando tienes hambre
tus días se deleitan en la casa.

Kb'ix tun chawech
kb'ix sya chawech
kb'ix me's chawech
kb'ix wix chawech.

Te dicen gato
te mencionan felino

---

12   Xk'ub', tenamastle, las tres piedras del fogón en la cocina.

te nombran zapaquilda
te denominan miza.

¡Tun tun! katuchxik
aretaq katsik'ixik
¡wix wix! katuchaxik
aretaq katsik'ix chech awa.

Te expresan ¡tun tun!
cuando te llaman
te dicen ¡wix wix!
cuando te llaman para tu comida.

We k'o jachike ri kintijo
¡miyaw miyaw! katcha chwech
loq'olaj nume's
kata chwech jas ri kintijo.

Cuando me alimento de algo
me expresas ¡miau miau!
mi preciado gato
me preguntas de qué me alimento.

¡Aaay!... chu'x le pi'na nume's
we kinetz'an awuk' nume's
xuquje' at katetz'an wuk'
loq'alaj nuwix, nusya.

¡Aaay!... mi gatito pinto
cuando juego contigo mi gato
tú también juegas comigo
mi preciado gato, mi miza.

Katinb'ixaj alaj nume's
katinloq'oj alaj nusya

katintzuqu alaj nuwix
katinkajmaj alaj nutun.

Te canto mi gatito
te aprecio mi pequeño felino
te alimento mi pequeña zapaquilda
te proveo mi pequeña miza.

Ri Utiw
El Coyote

Utiw rech ri k'iche'laj
katb'inik, katwa'katik
utz'i' rajawal ri juyub'
chajil rech k'iche'laj.

Coyote del monte
caminas, rodeas
perro protector de la montaña
cuidador del bosque.

We katnumik kch'aw ri
uwi' awaqan uwi' aq'ab'
sib'alaj ix k'i ktatajik
xaq k'u atukel kattz'e'nik katawu'nik.

Cuando tienes hambre se manifiestan
los dedos de tus patas
se oye como si anduvieran en montón
pero chillas y aúllas en soledad.

Nimalaj tz'i' rech juyub taq'aj
na katij ta b'a nuchij, na katij ta b'a wak'
na katij ta b'a nuno's, na katij ta b'a waq
k'o ab'arab' aretaq katilitajik.

Gran perro del monte
no comas a mis ovejas, no te alimentes de mis gallos
no comas a mis pavos, no te alimentes de mis cerdos
provocas miedo cuando eres contemplado.

Sala utiw, nimalaj tz'i'
kb'ix a q'umar chawech
kb'ix utz'a'm si' chawech
je'lalaj utiw na kab'an ta b'a k'ax.

Coyote descolorido, inmenso perro
te dicen podrido
te nombran migajas de leña
preciado coyote no causes perjuicio.

Chi kech utza'm qakolob'
mojaya pa ri b'is, pa ri oq'ej
kumal ri qatiko'n, ri utza'm qakolob'
attzuqum ri' rumal ri rajaw ri juyub'.

Por nuestros animales
no nos sitúes en angustia, en lamento
por nuestros bienes, nuestros animales
porque el protector de la montaña ha de alimentarte.

Ri Wama'
Mi Gallo

¡Aaay! Je'lalaj wama'
k'asul le wachch'ab'e'n
k'asul le wachq'ijilo'n
ronojel nimaq'ab'.

¡Aaay! Mi precioso gallo
despertador de mi compañía
madrugadora de mi consejero
de todas las mañanas.

Saqpo'ralaj ama'
sib'alaj je'l kattiriqi'nik
chom le kattiriqi'nik
sib'alaj kq'ututik kinto.

Gallo esbelto
cantas asombrosamente
entonas enérgicamente
me genera gran melancolía.

¡Aaay! Loq'olaj wama'
kq'ajaj le ab'ix nimaq'ab'
kak'asuj le qawokaj
qas are na atk'olik wama'.

¡Aay! Mi preciado gallo
resuena tu canto por las mañanas
despiertas a nuestro poblado
tu existencia es incondicional mi gallo.

DIEGO ADRIÁN GUARCHAJ AJTZALAM

At qas katya'ow retal
ri usaqirem upakatajem
loq'olaj wama' kak'asuj
ri nusiwan nutinamit.

Tú eres quien siempre anuncia
el alba y el amanecer
mi amado gallo que madrugas
a mi pueblo.

Kaya' ub'ixik le kajb'al
rumal chi aq'ab' kb'an wa'lijem
kb'an uwa le ajchak ajpatan
kb'an uwa le tikonel awexanel.

Tú que indicas el tiempo
porque el comienzo debe ser temprano
se prepara el sustento del trabajador
se dispone la comida del sembrador.

Rumal le nan
klej le uwa
kutij uwa le ajchak
kutij uwa le tiko'nel.

Por la madre
se prepara la tortilla
el trabajador se alimenta
el sembrador se sustenta.

Kb'e le ala, le achi
chech uch'akik le me'r korti'l
le ketzuqb'ex ri e xu'mal e jotoyal
ktzuqb'ex kaqan kiq'ab' le ajupaja.

El joven y el hombre se encaminan
para ganar el dinero
con el que se alimentan a los retoños y descendientes
para nutrir a los que cohabitan en la morada.

Loq'olaj wama'
nim ri achak apatan
chi uwach ri wochoch
rumal ri' at loq' chi nuwach.

Mi preciado gallo
grande es tu misión y obra
en mi hogar
por eso te aprecio.

DIEGO ADRIÁN GUARCHAJ AJTZALAM

Nab'alil tzij rech Joq'o' Wuqub'
Poema del 2007

Loq'olaj nunan kink'amawa'j
chawech xinatiko xinawawexaj
wene na xinnimaj ta ri aq'ilb'al
chakuyu wil numak loq'olaj nan.

Mi linda madre te agradezco
a ti por haberme concebido
quizá no obedecí tus consejos
dispensa mis faltas querida madre.

Wene na xatwar ta numak
wene xinya ri b'is oq'ej chawech
wene xb'iq'bot ri awanima rumal nub'isoxik
chakuyu numak loq'olaj nunan.

Quizá no dormiste por mis faltas
a lo mejor te causé llanto y lamento
tal vez suspiró tu alma por extrañarme
perdóname adorada madre.

Wene xinwesaj ri awaram jujun taq aq'ab'
rumal ri nuyawajik pa uwi' taq ri yab'ilal
xel awaram, xana' tew rumal ri nuyawajik
wene maj rajil wa' we toq'ob' xab'an chwech.

Posiblemente te quité el sueño durante noches enteras
por causa de mi agonía por las enfermedades
se te fueron los sueños y sentiste frío a causa de mis dolencias
quizá el favor que me hiciste no tiene costo.

La katna'taj chwech on na katna'taj ta chwech
pa we q'ijsaq atelenaq chi ub'i pa we wochoch
ri at xaya kan ri awanima na xub'an ta keb' ak'u'x
xinaloq'oj, xinawilij, xinakajmaj, at loq'onel.

Probablemente te recuerdo o quizá no
en estos días te corriste de mi casa
dejaste tu alma sin haberte arrepentido
me apreciaste, me atendiste, me sustentaste, eres encariñada.

Xinaloq'oj, xinakajmaj are taq k'a in nitz'
xintu'n chi uwach ak'u'x, xaya' ri nuwa
xinasu'u, xinach'ajo ruk' nimalaj ak'u'x
at maj jun je', loq'olaj nunan rumal nukajmaxik.

Me amaste, me serviste cuando era infante
lacté en tus pechos, proveíste mi sustento
me aseaste, me higienizaste con tu gran corazón
otra como tú no existe, porque tú me atiendes querida madre.

Rumal ri' kinwoq'ej utz'inilem ri awelik b'i wuk'
rumal chi sib'alaj xinaloq'oj pa ri walk'a'lal loq
xinatijoj kan chech ri jun utzalaj loq'ob'al
xa k'u in wa' we na kinloq'oj ta ri e wajil nutz'aqat.

Por eso lloro la ausencia de tu salida
porque me amaste demasiado desde mi infancia
me instruiste la buena costumbre de amar
entonces de mí depende el afecto hacia mis prójimos.

Nan sib'alaj xuk'am nuk'u'x chawij
kamik sib'alaj katinb'isoj rumal ri ana'tab'al
k'o kan taq ri atzij pa wanima, pa nujolom
ri loq'olaj taq atzij, ana'oj, apixab' ab'im kanoq.

DIEGO ADRIÁN GUARCHAJ AJTZALAM

Madre, me he acostumbrado a estar contigo
hoy te extraño inmensamente por tus recuerdos
tus palabras están grabadas en mi alma, en mi memoria
tus venerables palabras, sabiduría, consejos que has dejado.

Kamik na kinwil ta chi awach chi winaqil
kinach'ab'ej k'u pa nuwaram nuyakalem
kojulaq'atuj chi xa'nil chi awononil pa qochoch
amaq'el ojna'tal chawech loq'olaj nunan.

Hoy no puedo apreciarte en persona
pero te comunicas conmigo en mis sueños y visiones
nos visitas en nuestra casa como avispa o abeja
siempre te acuerdas de nosotros mi madre adorada.

Xatk'iy chi ub'i pa ri jun chi k'aslemal
la at ik', la at ch'umil chi pa ri jun chi k'aslemal
xa oj chi ri' oj awiye'm apanoq aretaq ke'uriqa ri qatzalijem
xaq kinna'b'aj aq'ij awalaxik loq'alaj nunan.

Resurgiste en la otra vida
quizá eres luna, acaso eres estrella en la otra vida
tu estarías esperándonos cuando a nosotros nos corresponda ir
solamente recuerdo tu día y tu nacimiento apreciable madre.

Ri kib'ix ri awajib'
El coro de los animales

¡Wo! ¡Wo! ¡Wo! Kcha' le tz'i'
¡Tukuru! ¡Tkuru! Kcha' le tukur
¡Xar! ¡Xar! ¡Xar! Kcha' le xar
¡Awuuu! ¡Awuuu! Kcha' le utiw.

¡Wo! ¡Wo! ¡Wo! Ladra el perro
¡Tukuru! ¡Tukuru! Canta el búho
¡Xar! ¡Xar! ¡Xar! Entona el clarinero
¡Awuuu! ¡Awuuu! Aúlla el lobo

Le xojlin siwan kk'ilil
le ub'ix pa le siwan
le ch'ik kusik'ij le jab'
¡Joj! ¡Joj! Kcha' le joj.

El guardabarranco resuena
su canto en el arroyo
el cenzontle invoca a la lluvia
¡Joj! ¡Joj! Corea el cuervo.

Waral k'o wi, kcha' ri buqb'irix
¡Miyaw! ¡Miyaw! Kcha' le me's
¡Qosss! ¡Qosss! Kcha' le kumatz
aretaq ke'opan ri winaq chi unaqaj.

Aquí se encuentra, señala el codorníz
¡Miyaw! ¡Miyaw! Maúlla el gato
¡Qosss! ¡Qosss! Modula la serpiente
cuando la gente se acerca hacia ella.

DIEGO ADRIÁN GUARCHAJ AJTZALAM

K'is k'o wi ri kib'ix
xya rumal ri Ajaw
k'is k'o wi ri keb'ixanik
k'is k'o wi ri kech'awik.

Distintos son sus cantos
proveídos por el Creador
de diferentes maneras cantan
de varias formas se comunican.

Xuquje' jalajoj kka'y ri kij
xuquje' jalajoj ri keb'inik
jalajoj ri keb'ixanik
jalajoj ri kech'awik.

De múltiples colores son
de varias maneras transitan
diversas son sus artes de cantar
numerosas son sus habilidades de hablar.

Kkiya ki'kotemal nimaq'ab'
aretaq kkimajij b'ixanem
kemaltyoxin chech ri Ajaw
rumal rilik jun k'ak' nimaq'ab'.

Brindan alegría por las mañanas
cuando emprenden a cantar
agradecen al Creador
por contemplar un nuevo amanecer.

Xinsachik
Me perdí

Xinsachik nan
xinsachik tat
xinsach ri nub'e
¿jas che xinsachik?

Me perdí madre
me erré padre
perdí mi camino
¿por qué me erré?

¿La pa ri xulanik?
¿la pa ri paqalik?
xinsach wi.

¿Será en la bajada?
¿acaso en la subida?
me perdí.

La ajsik
la ikam
k'o wi ri nub'e
k'o wi ri nuki'kotemal.

Quizá en la subida
posiblemente en la bajada
exista mi camino
se encuentre mi regocijo.

DIEGO ADRIÁN GUARCHAJ AJTZALAM

¿Jas che xintzoqopij la kanoq?
¿jas che xinya' la kanoq?
¿jas che xinkanaj kanoq?
¿jas che xink'aq la kanoq?

¿Por qué me dejó?
¿por qué me abandonó?
¿por qué quedé?
¿por qué me dejó tirado?

¿Jachin kinto'wik?
¿jachin kinilowik?
¿jachin kinch'ab'enik?
¿jachin kinto'wik?

¿Quién me ayuda?
¿quién me apoya?
¿quién me habla?
¿quién me auxilia?

Kinnataj k'ut
kinayak k'ut
chiri' chopan wi ri q'ij
kinach'ab'ej k'u uloq
kinasik'ij b'a uloq…

Te acuerdas de mí
me exaltas entonces
aquí llegó el día
me hablarás desde allá
me llamarás desde allá…

EL CONTADOR DE FLORES

Ucholajil no'jwuj
Índice

●   B'ix kech Ajq'ijab'
       El canto de los guías

•   Nab'alil Tzij rech Nawal Ja'
       Poema a Nahualá

••   Tew Kaq'iq'
       Sagrado Iq'

•••   Jurab'aj B'ix
       Canto Oración

••••   Ekoq'ij
       Venus

| Le ch'umil
       Las estrellas

•| Loq'olaj Nujuyub'
       Venerable Montaña

••| ¡Ooo! Loq'olaj nunan
       ¡Oooh! Adorada madre

•••| Ri loq'olaj B'e
       El sagrado Camino

••••| Ri loq'olaj Che'
       Preciado Árbol

| Loq'olaj Ka'
Sagrada Piedra de Moler

·| Loq'olaj Ab'ix
Venerable Milpa

:| Loq'olaj Ja' k'olib'al
Amada Morada

:| Le Po't
El Güipil

:| Le Tz'i'
El Perro

||| Nupi'na Me's
Mi Gato Pinto

·||| Ri Utiw
El Coyote

:||| Ri Wama'
Mi Gallo

:||| Nab'alil Tzij rech Joq'o Wuqub'
Poema del 2007

:||| Ri kib'ix ri Awajib'
El coro de los animales

·⓪ Xinsachik
Me perdí

Diego Adrián Guarchaj Ajtzalam

Diego Adrián Guarchaj Ajtzalam (originario del Municipio de Nahualá, Guatemala) nació el 9 de agosto de 1944. Fue perito lingüista, guía espiritual y lider de su comunidad. En sus propias palabras, su trayectoria como escritor en el idioma K'iche' fue la siguiente.

a) 14 años de ser comunicador social en radio "La Voz de Nahualá" donde inicié la traducción de temas radiales sobre salud, agricultura, religión, lecto-escritura en K'iche' y español para la alfabetización.

b) 11 años de trabajos lingüísticos, coautor de la elaboración de un vocabulario K'iche' y español publicado por el proyecto lingüístico "Francisco Marroquín" de la Antigua Guatemala.

c) 3 años como director de "Promoción Cultural y Lingüística" en proyecto lingüístico "Francisco Marroquín" de la Antigua Guatemala.

d) Coordinador de vocabularios Chuj, Q'anjob'al, Ixil, Poqomchi', Awakateko, Popti' con informantes y autores nativos.

e) Colaborador de la traducción de un misal publicado por el Rev. David S. Boronti de la parroquia de Santa Catalina Ixtahuacán, departamento de Sololá, Guatemala.

f) 1 año de experiencia en la Pastoral del Pueblo Maya de Guatemala.

g) Verificador de la traducción del Popol Wuj del idioma K'iche' a los idiomas Kaqchikel y Sakapulteko seleccionado por la Academia de Lenguas Mayas de Guatemala.

h) 11 años de experiencias con los guías espirituales Ajq'ij en cursos pequeños realizados en "La Voz de Nahualá". Tres cursos asistidos en CENAME, Ciudad de México, sobre intercambios culturales con los hermanos de ese país, incluyendo una investigación en los sitios arqueológicos de Palenque y Chichén Itzá en coordinación con la Federación Guatemalteca de Escuelas radiofónicas FGER.

i) 1 año coordinador de la Comisión de Cultura de la Federación Guatemalteca de escuelas radiofónicas FGER.

j) Coautor del libro sobre la Espiritualidad Maya escrito en idioma K'iche'.

k) Transcripción del Popol Wuj realizado en la comunidad lingüística K'iche' de Santa Cruz del K'iche'.

l) 3 años de traductor en la comunidad lingüística Maya K'iche de Santa Cruz del K'iche'.

m) En el año 2002 intercambio cultural en el Canadá con los indígenas a nivel latinoamericano.

n) Coautor de la elaboración de un librito sobre literatura infantil en 4 idiomas: K'iche', Kaqchikel, Tz'utujil y Poqomam traducidos de los idiomas mayas al español.

o) Colaborador de la elaboración del libro "Gramática Pedagógica", publicado por Oxlajuj Ajpop Maya Ajtz'ib', OKMA de la Antigua Guatemala.

p) En el año 2003 colaboré con la recopilación de insumos para un vocabulario técnico y científico con la Universidad Rafael Landivar de la ciudad capital de Guatemala.

q) En mes de septiembre de 2004 colaboré con la Universidad Rafael Landivar, de la ciudad capital, con la traducción de algunos textos "Ri uki'al ri qajuyub' qataq'aj.

r) 3 años de transmisión de la cultura Maya en Nawal Estéreo patrocinado por el Consejo de ancianos del Canadá y Estados Unidos.

s) 2 años de transmisión de la cultura Maya en Nawal Estéreo patrocinado por Oxlajuj Ajpop.

t) Traducción del Libro sagrado POPOL WUJ dándole una traducción literal y fluida en español y K'iche'.

www.ingramcontent.com/pod-product-compliance
Lightning Source LLC
Chambersburg PA
CBHW030350100526
44592CB00010B/905